Impressum
Verlag: BABADADA GmbH, Nedderfeld 112 , 22529 Hamburg
Geschäftsführer / Verlagsleitung: Harald Hof
Druck: Books on Demand GmbH, In de Tarpen 42, 22848 Norderstedt

Imprint
Publisher: BABADADA GmbH, Nedderfeld 112 , 22529 Hamburg, Germany
Managing Director / Publishing direction: Harald Hof
Print: Books on Demand GmbH, In de Tarpen 42, 22848 Norderstedt

Schule

colegio

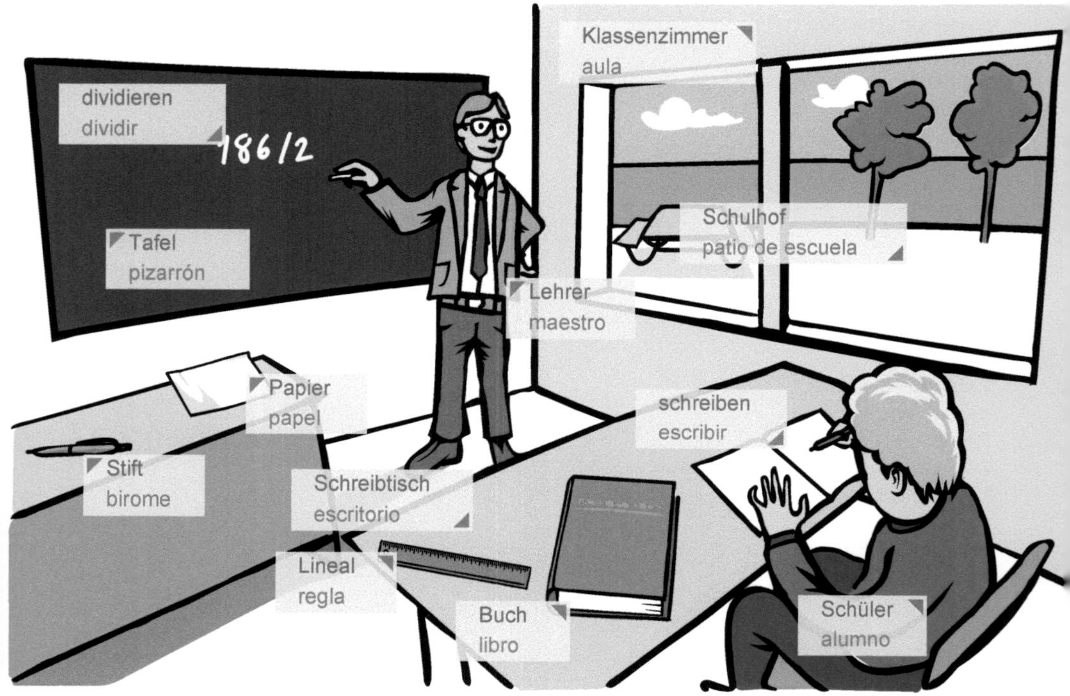
Klassenzimmer
aula
dividieren
dividir
186/2
Tafel
pizarrón
Lehrer
maestro
Schulhof
patio de escuela
Papier
papel
schreiben
escribir
Stift
birome
Schreibtisch
escritorio
Lineal
regla
Buch
libro
Schüler
alumno

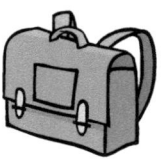

Ranzen

mochila

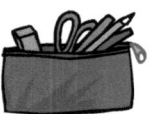

Federmappe

caja de lápices

Bleistift

lápiz

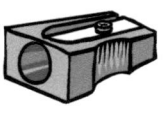

Bleistiftanspitzer

sacapuntas

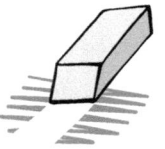

Radiergummi

goma (de borrar)

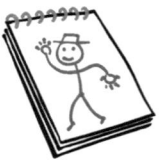

Zeichenblock

bloc de dibujo

Zeichnung

dibujo

Pinsel

pincel

Malkasten

caja de pinturas

Schere

tijera

Klebstoff

pegamento

Übungsheft

cuaderno de ejercicios

Hausaufgabe

tarea

Zahl

número

addieren

sumar

subtrahieren

restar

multiplizieren

multiplicar

rechnen

calcular

Buchstabe

letra

Alphabet

abecedario

Wort

palabra

Text
texto

lesen
leer

Kreide
tiza

Stunde
lección

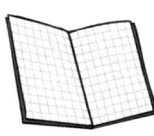

Klassenbuch
cuaderno de clase

Prüfung
examen

Zeugnis
certificado

Schuluniform
uniforme escolar

Ausbildung
educación

Lexikon
enciclopedia

Universität
universidad

Mikroskop
microscopio

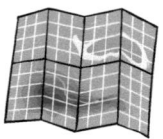

Karte
mapa

Papierkorb
tacho (de basura)

Reise
viaje

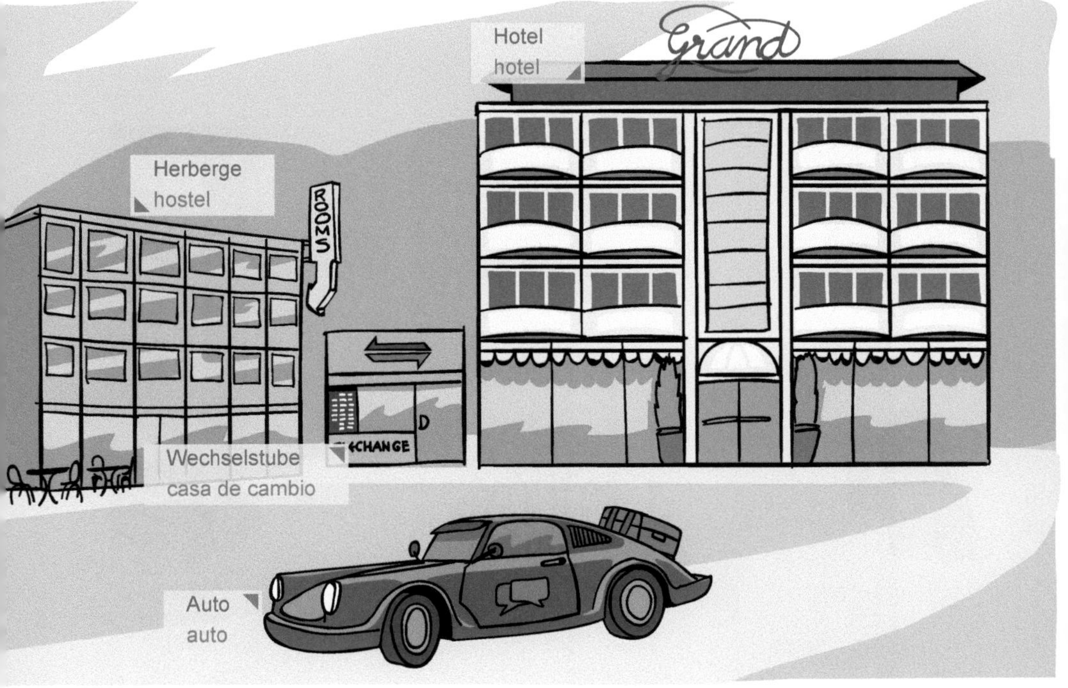
Hotel
hotel
Grand
Herberge
hostel
ROOMS
Wechselstube
casa de cambio
EXCHANGE
Auto
auto

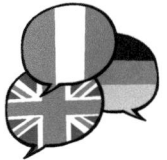

Sprache
idioma

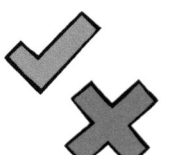

ja / nein
sí / no

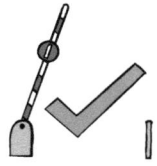

Okay
Está bien

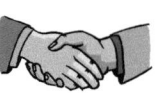

Hallo
hola

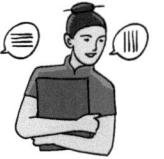

Übersetzer
traductor

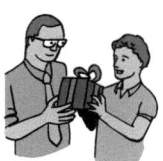

Danke
Gracias

Was kostet…?

¿cuánto cuesta…?

Ich verstehe nicht

No entiendo

Problem

problema

Guten Abend!

¡Buenas tardes!

Guten Morgen!

¡Buenos días!

Gute Nacht!

¡Buenas noches!

Auf Wiedersehen

adiós

Richtung

dirección

Gepäck

equipaje

Tasche

bolso

Rucksack

mochila

Gast

invitado

Zimmer

habitación

Schlafsack

bolsa de dormir

Zelt

carpa

Touristeninformation

información turística

Strand

playa

Kreditkarte

tarjeta de crédito

Frühstück

desayuno

Mittagessen

almuerzo

Abendessen

cena

Fahrkarte

pasaje

Fahrstuhl

ascensor

Briefmarke

sello

Grenze

frontera

Zoll

aduana

Botschaft

embajada

Visum

visa

Pass

pasaporte

Transport
transporte

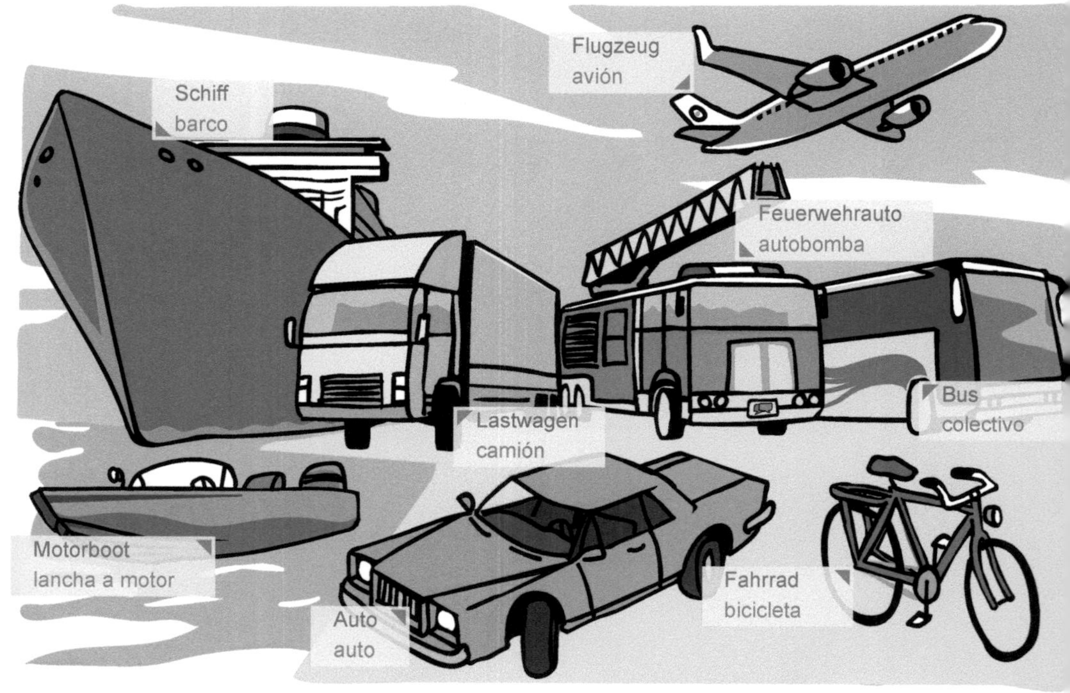
Flugzeug
avión
Schiff
barco
Feuerwehrauto
autobomba
Bus
colectivo
Lastwagen
camión
Motorboot
lancha a motor
Fahrrad
bicicleta
Auto
auto

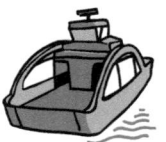

Fähre

ferry

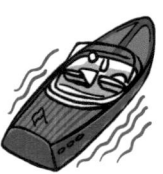

Boot

bote

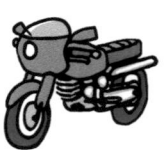

Motorrad

moto

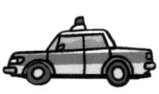

Polizeiauto

patrullero

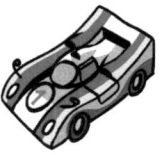

Rennauto

auto de carreras

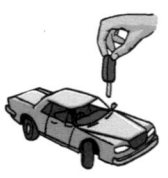

Mietwagen

auto de alquiler

Carsharing

alquiler de autos

Abschleppwagen

grúa

Müllauto

camión de basura

Motor

motor

Kraftstoff

nafta

Tankstelle

estación de servicio

Verkehrsschild

señal de tránsito

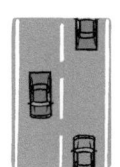

Verkehr

tránsito

Stau

embotellamiento

Parkplatz

estacionamiento

Bahnhof

estación de tren

Schienen

vías

Zug

tren

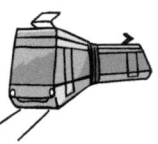

Straßenbahn

tranvía

Wagon

vagón

Helikopter

helicóptero

Flughafen

aeropuerto

Tower

torre

Passagier

pasajero

Container

contenedor

Karton

caja de cartón

Karren

carretilla

Korb

canasta

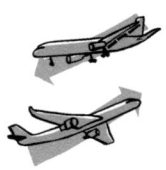

starten / landen

despegar / aterrizar

Stadt

ciudad

Dorf

pueblo

Stadtzentrum

centro de ciudad

Haus

casa

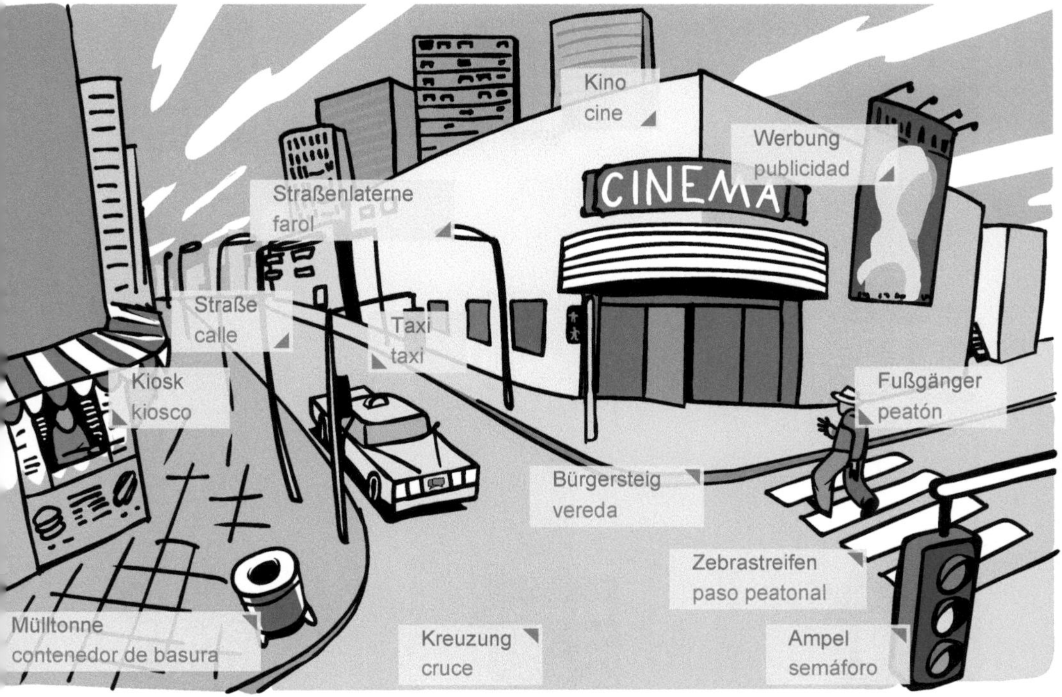

Kino
cine

Werbung
publicidad

Straßenlaterne
farol

CINEMA

Straße
calle

Taxi
taxi

Kiosk
kiosco

Fußgänger
peatón

Bürgersteig
vereda

Zebrastreifen
paso peatonal

Mülltonne
contenedor de basura

Kreuzung
cruce

Ampel
semáforo

Hütte

cabaña

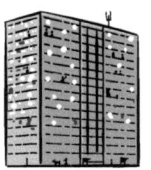

Wohnung

departamento

Bahnhof

estación de tren

Rathaus

municipalidad

Museum

museo

Schule

colegio

Universität

universidad

Bank

banco

Krankenhaus

hospital

Hotel

hotel

Apotheke

farmacia

Büro

oficina

Buchhandlung

librería

Geschäft

negocio

Blumenladen

florería

Supermarkt

supermercado

Markt

mercado

Kaufhaus

grandes tiendas

Fischhändler

pescadería

Einkaufszentrum

centro comercial

Hafen

puerto

Park

parque

Bank

banco

Brücke

puente

Treppe

escaleras

U-Bahn

subte

Tunnel

túnel

Bushaltestelle

parada del colectivo

Bar

bar

Restaurant

restaurante

Briefkasten

buzón

Straßenschild

letrero

Parkuhr

parquímetro

Zoo

zoológico

Badeanstalt

pileta

Moschee

mezquita

Bauernhof

granja

Umweltverschmutzung

contaminación

Friedhof

cementerio

Kirche

iglesia

Spielplatz

juegos infantiles

Tempel

templo

Landschaft

paisaje

Wegweiser
poste indicador

Weg
camino

Wiese
pradera

Stein
piedra

Baum
árbol

Wanderer
excursionista

Fluss
río

Gras
hierba

Blume
flor

Tal

valle

Berg

montaña

See

lago

Wald

bosque

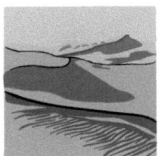

Wüste

desierto

Vulkan

volcán

Schloss

castillo

Regenbogen

arco iris

Pilz

champiñón

Palme

palmera

Moskito

mosquito

Fliege

mosca

Ameise

hormiga

Biene

abeja

Spinne

araña

Käfer

escarabajo

Frosch

rana

Eichhörnchen

ardilla

Igel

erizo

Hase

liebre

Eule

lechuza

Vogel

pájaro

Schwan

cisne

Wildschwein

jabalí

Hirsch

ciervo

Elch

alce

Staudamm

presa

Windrad

aerogenerador

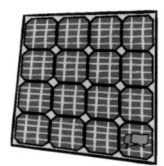

Solarmodul

panel solar

Klima

clima

Restaurant
restaurante

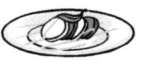

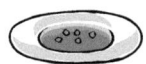

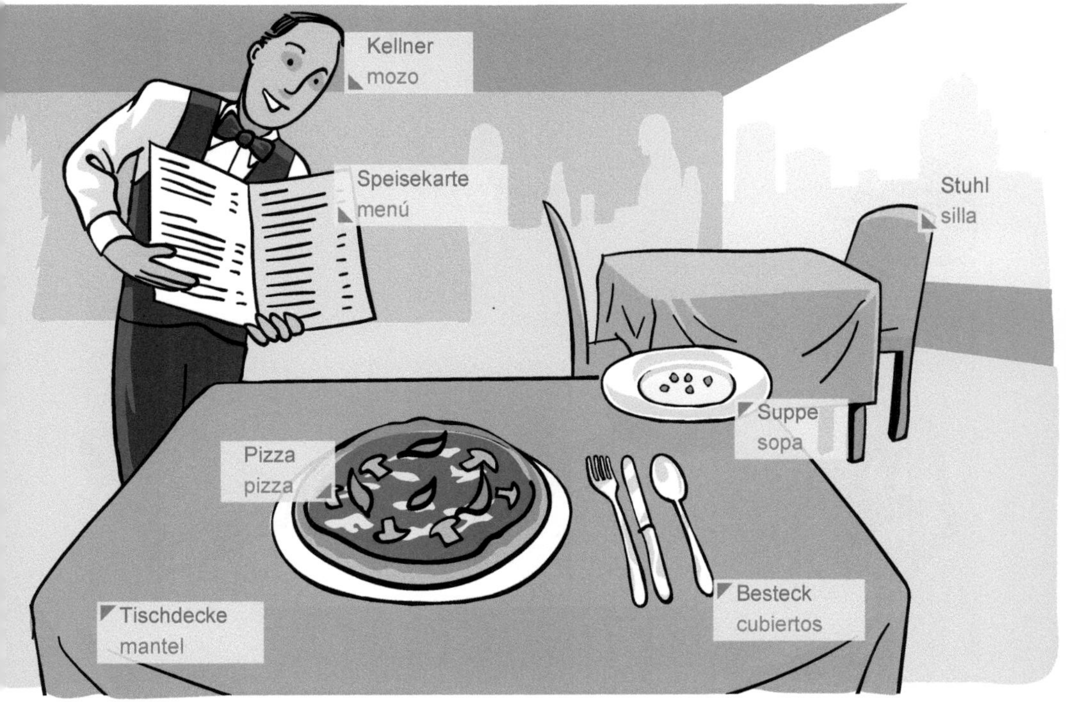
Kellner
mozo
Speisekarte
menú
Stuhl
silla
Suppe
sopa
Pizza
pizza
Besteck
cubiertos
Tischdecke
mantel

Vorspeise

entrada

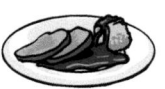

Hauptgericht

plato principal

Nachspeise

postre

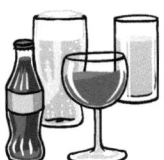

Getränke

bebidas

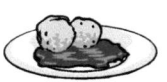

Essen

comida

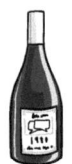

Flasche

botella

Fastfood

comida rápida

Streetfood

comida callejera

Teekanne

tetera

Zuckerdose

azucarera

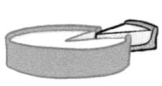

Portion

porción

Espressomaschine

cafetera expreso

Hochstuhl

sillita alta

Rechnung

cuenta

Tablett

bandeja

Messer

cuchillo

Gabel

tenedor

Löffel

cuchara

Teelöffel

cucharita

Serviette

servilleta

Glas

vaso

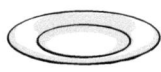

Teller

plato

Suppenteller

plato hondo

Untertasse

plato

Sauce

salsa

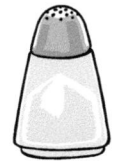

Salzstreuer

salero

Pfeffermühle

molinillo de pimienta

Essig

vinagre

Öl

aceite

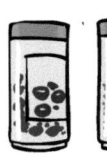

Gewürze

especias

Ketchup

kétchup

Senf

mostaza

Mayonnaise

mayonesa

Supermarkt
supermercado

Angebot
oferta especial
FOR
Kunde
cliente
Milchprodukte
lácteos
Obst
fruta
Einkaufswagen
changuito

BUTCHERS

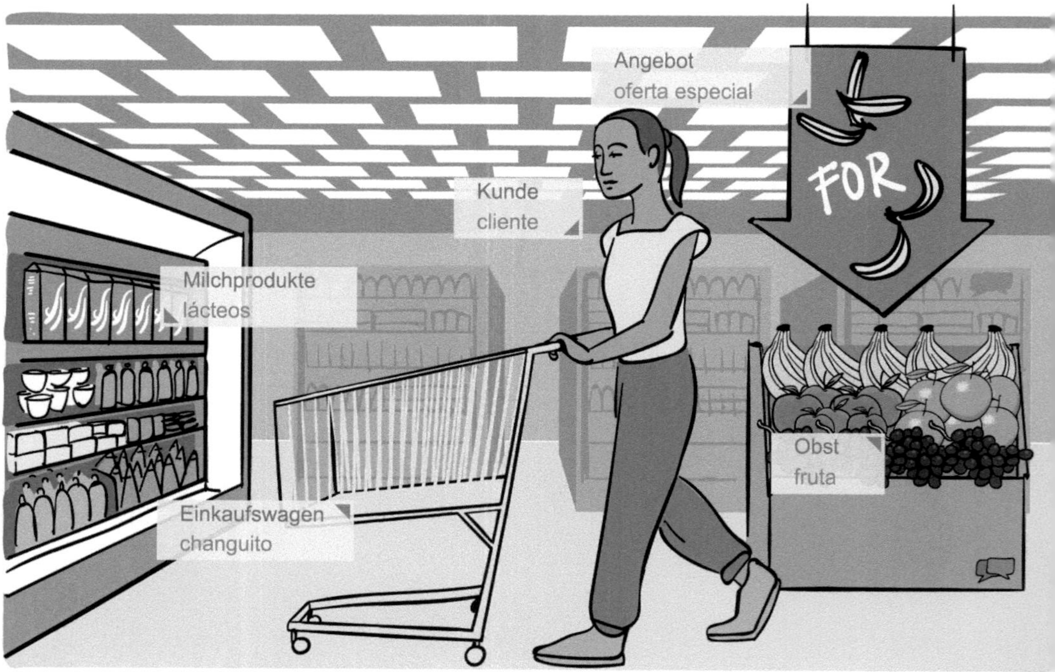

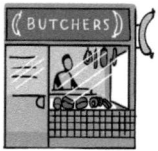

Schlachterei

carnicería

BAKERY

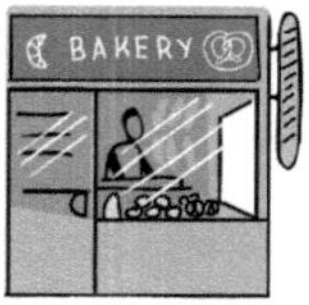

Bäckerei

panadería

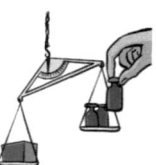

wiegen

pesar

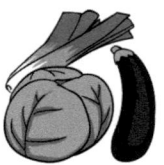

Gemüse

verduras

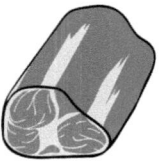

Fleisch

carne

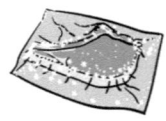

Tiefkühlkost

alimentos congelados

Aufschnitt

fiambres

Konserven

alimentos enlatados

Waschmittel

detergente en polvo

Süßigkeiten

golosinas

Haushaltsartikel

electrodomésticos

Reinigungsmittel

productos de limpieza

Verkäuferin

vendedora

Kasse

caja

Kassierer

cajero

Einkaufsliste

lista de compras

Öffnungszeiten

horario de atención

Brieftasche

billetera

Kreditkarte

tarjeta de crédito

Tasche

cartera

Plastiktüte

bolsa de plástico

Wasser

agua

Saft

jugo

Milch

leche

Cola

bebida cola

Wein

vino

Bier

cerveza

Alkohol

alcohol

Kakao

cacao

Tee

té

Kaffee

café

Espresso

café expreso

Cappuccino

cappuccino

Banane

banana

Apfel

manzana

Orange

naranja

Melone

melón

Zitrone

limón

Karotte

zanahoria

Knoblauch

ajo

Bambus

bambú

Zwiebel

cebolla

Pilz

champiñón

Nüsse

nueces

Nudeln

fideos

Spaghetti

tallarines

Reis

arroz

Salat

ensalada

Pommes frites

papas fritas

Bratkartoffeln

papas fritas

Pizza

pizza

Hamburger

hamburguesa

Sandwich

sándwich

Schnitzel

churrasco

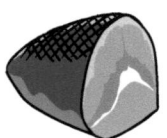

Schinken

jamón

Salami

salame

Wurst

salchicha

Huhn

pollo

Braten

asado

Fisch

pescado

Haferflocken

copos de avena

Müsli

muesli

Cornflakes

copos de maíz

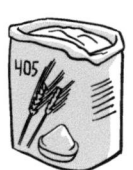

Mehl

harina

Croissant

medialuna

Brötchen

pancito

Brot

pan

Toast

tostada

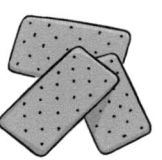

Kekse

galletitas

Butter

manteca

Quark

cuajada

Kuchen

torta

Ei

huevo

Spiegelei

huevo frito

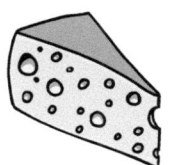

Käse

queso

Eiscreme

helado

Zucker

azúcar

Honig

miel

Marmelade

mermelada

Nougat-Creme

pasta de chocolate

Curry

curry

Bauernhof
granja

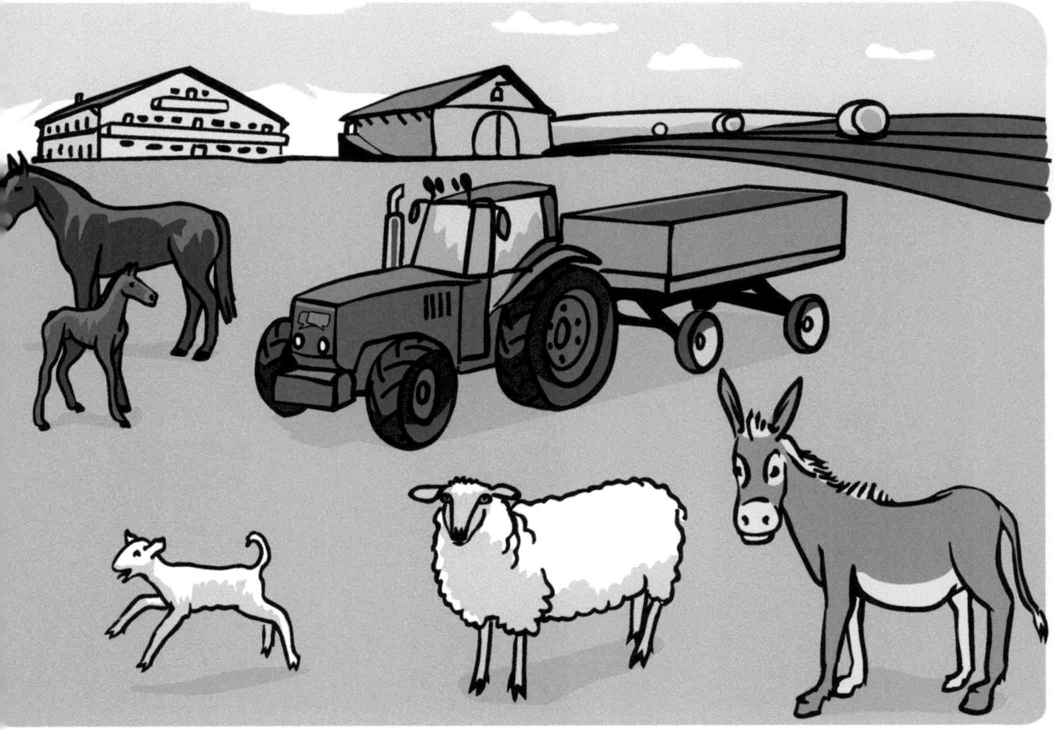

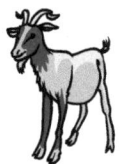

Ziege

cabra

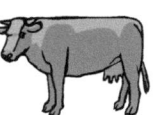

Kuh

vaca

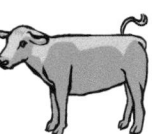

Kalb

ternero

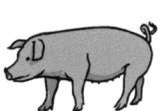

Schwein

cerdo

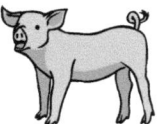

Ferkel

lechón

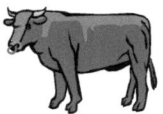

Bulle

toro

Gans

ganso

Ente

pato

Küken

pollo

Huhn

gallina

Hahn

gallo

Ratte

rata

Katze

gato

Maus

ratón

Ochse

buey

Hund

perro

Hundehütte

cucha

Gartenschlauch

manguera

Gießkanne

regadera

Sense

guadaña

Pflug

arado

Sichel

hoz

Hacke

azada

Mistgabel

horquilla

Axt

hacha

Schubkarre

carretilla

Trog

abrevadero

Milchkanne

lechera

Sack

bolsa

Zaun

reja

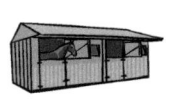

Stall

establo

Treibhaus

invernadero

Boden

suelo

Saat

semilla

Dünger

fertilizador

Mähdrescher

cosechadora

ernten

cosechar

Ernte

cosecha

Yamswurzel

batatas

Weizen

trigo

Soja

soja

Kartoffel

papa

Mais

maíz

Raps

semilla de colza

Obstbaum

árbol frutal

Maniok

mandioca

Getreide

cereales

Wohnzimmer

living

Badezimmer

baño

Küche

cocina

Schlafzimmer

dormitorio

Kinderzimmer

cuarto de los chicos

Esszimmer

comedor

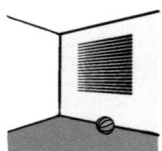

Boden

piso

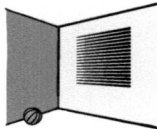

Wand

pared

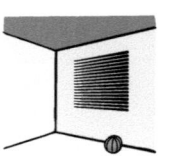

Decke

cielorraso

Keller

sótano

Sauna

sauna

Balkon

balcón

Terrasse

terraza

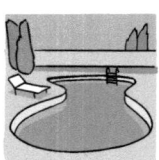

Schwimmbad

pileta

Rasenmäher

cortadora de pasto

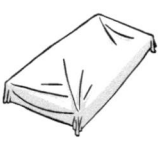

Bettbezug

sábana

Bettdecke

acolchado

Bett

cama

Besen

escoba

Eimer

balde

Schalter

interruptor

Wohnzimmer
living

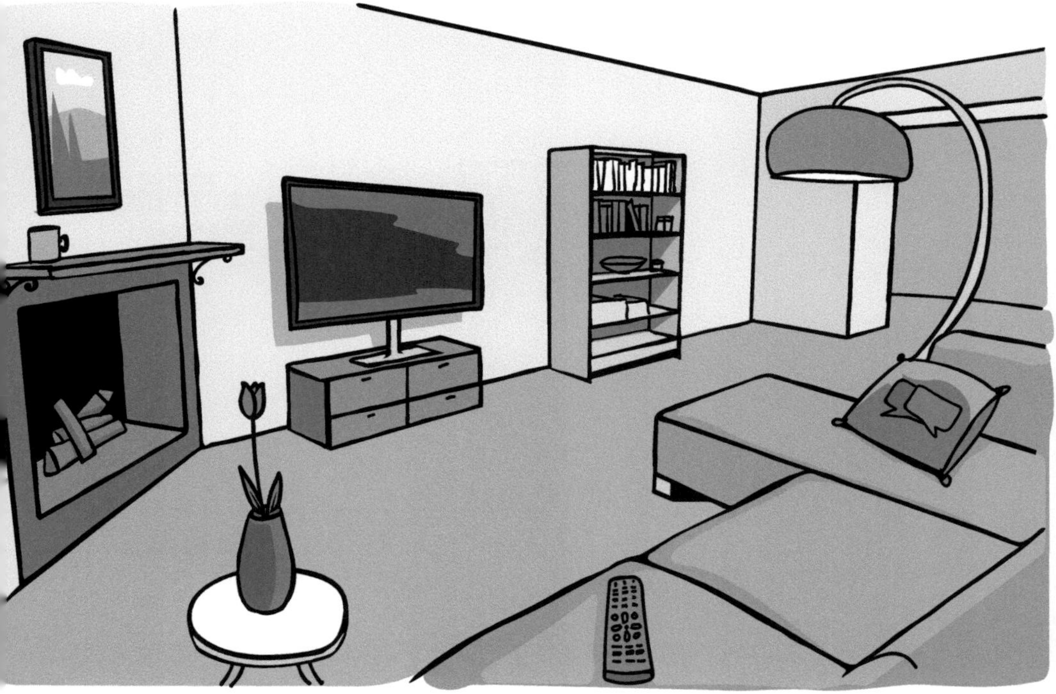

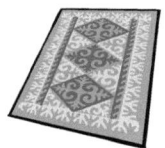

Teppich
alfombra

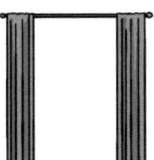

Vorhang
cortina

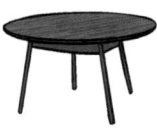

Tisch
mesa

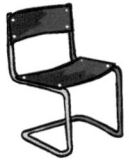

Stuhl
silla

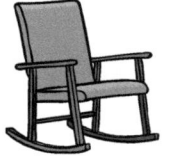

Schaukelstuhl
mecedora

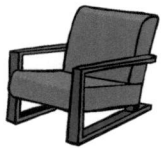

Sessel
sillón

Buch

libro

Decke

frazada

Dekoration

decoración

Feuerholz

leña

Film

película

Stereoanlage

equipo de música

Schlüssel

llave

Zeitung

diario

Gemälde

pintura

Poster

póster

Radio

radio

Notizblock

cuaderno

Staubsauger

aspiradora

Kaktus

cactus

Kerze

vela

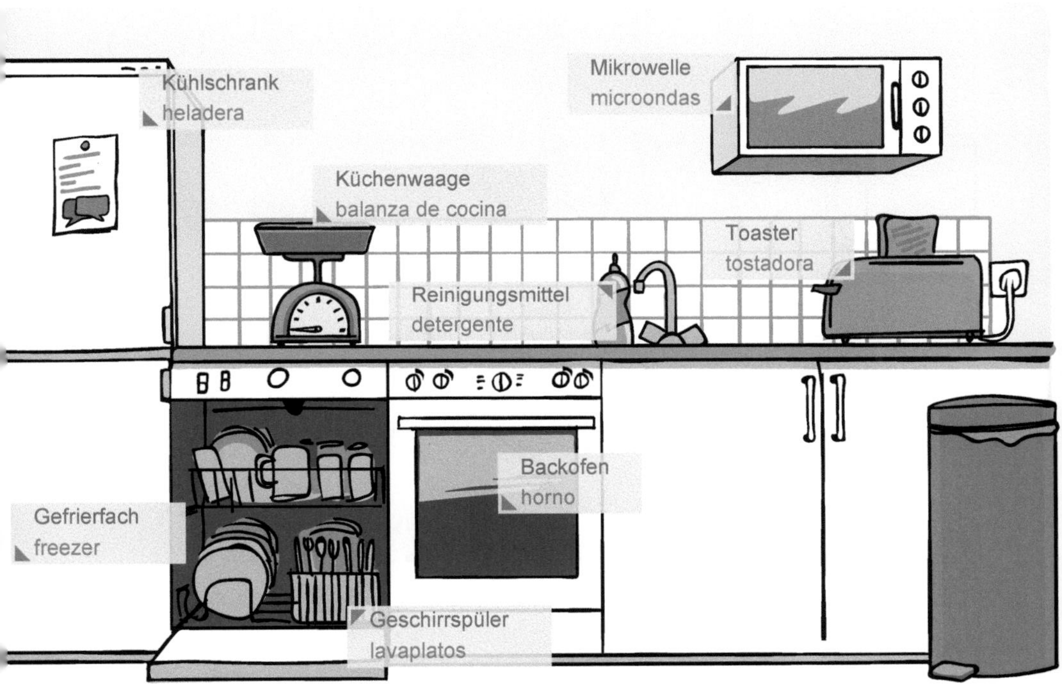

Kühlschrank
heladera

Mikrowelle
microondas

Küchenwaage
balanza de cocina

Toaster
tostadora

Reinigungsmittel
detergente

Backofen
horno

Gefrierfach
freezer

Geschirrspüler
lavaplatos

Herd

cocina

Topf

olla

Eisentopf

olla de hierro fundido

Wok / Kadai

wok

Pfanne

sartén

Wasserkocher

pava

Dampfgarer

vaporera

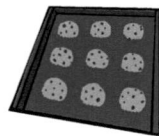

Backblech

bandeja de horno

Geschirr

vajilla

Becher

taza

Schale

bol

Essstäbchen

palitos

Suppenkelle

cucharón

Pfannenwender

estpátula

Schneebesen

batidora

Kochsieb

colador

Sieb

colador

Reibe

rallador

Mörser

mortero

Grill

parrilla

Feuerstelle

fogata

Schneidebrett

tabla de picar

Nudelholz

palo de amasar

Korkenzieher

sacacorchos

Dose

lata

Dosenöffner

abrelatas

Topflappen

manopla

Waschbecken

pileta

Bürste

cepillo

Schwamm

esponja

Mixer

batidora

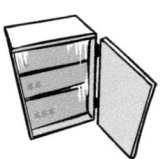

Gefriertruhe

congelador

Babyflasche

mamadera

Wasserhahn

canilla

Badezimmer
baño

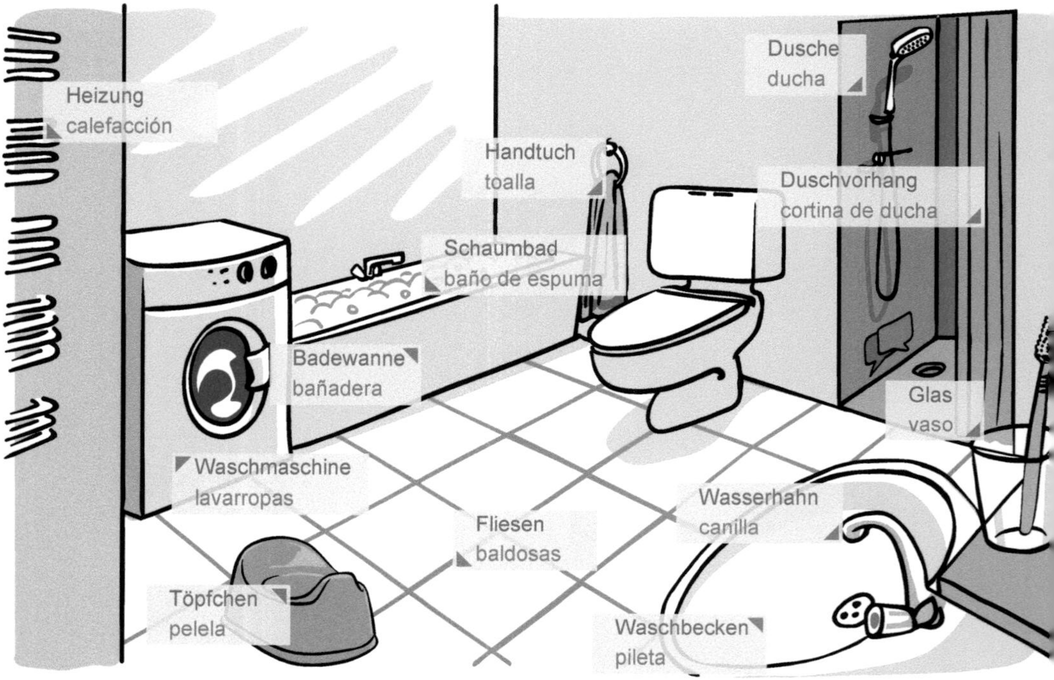

Heizung
calefacción
Handtuch
toalla
Dusche
ducha
Duschvorhang
cortina de ducha
Schaumbad
baño de espuma
Badewanne
bañadera
Glas
vaso
Waschmaschine
lavarropas
Wasserhahn
canilla
Fliesen
baldosas
Töpfchen
pelela
Waschbecken
pileta

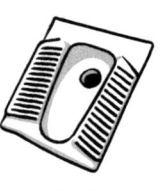

Toilette
inodoro

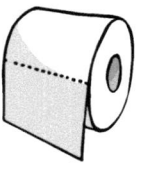

Hocktoilette
letrina

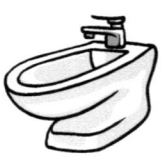

Bidet
bidé

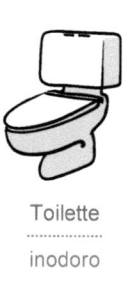

Pissoir
mingitorio

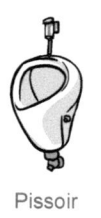

Toilettenpapier
papel higiénico

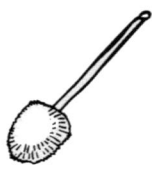

Toilettenbürste
cepillo para el inodoro

Zahnbürste

cepillo de dientes

Zahnpasta

dentífrico

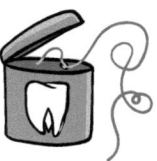

Zahnseide

hilo dental

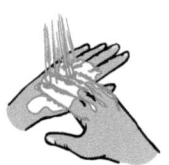

waschen

lavar

Handbrause

ducha de mano

Intimdusche

ducha higiénica

Waschschüssel

palangana

Rückenbürste

cepillo para espalda

Seife

jabón

Duschgel

gel de ducha

Shampoo

shampoo

Waschlappen

toallita

Abfluss

desagüe

Creme

crema

Deodorant

desodorante

Spiegel
espejo

Kosmetikspiegel
espejito

Rasierer
maquinita de afeitar

Rasierschaum
espuma de afeitar

Rasierwasser
aftershave

Kamm
peine

Bürste
cepillo

Föhn
secador de pelo

Haarspray
spray

Makeup
maquillaje

Lippenstift
lápiz de labios

Nagellack
esmalte para uñas

Watte
algodón

Nagelschere
tijera para uñas

Parfum
perfume

Kulturbeutel

portacosméticos

Hocker

banqueta

Waage

balanza

Bademantel

bata

Gummihandschuhe

guantes de goma

Tampon

tampón

Damenbinde

toallita femenina

Chemietoilette

baño químico

Kinderzimmer

cuarto de los chicos

Wecker
despertador
Kuscheltier
peluche
Spielzeugauto
coche de juguete
Rassel
sonajero
Puppenhaus
casa de muñecas
Geschenk
regalo

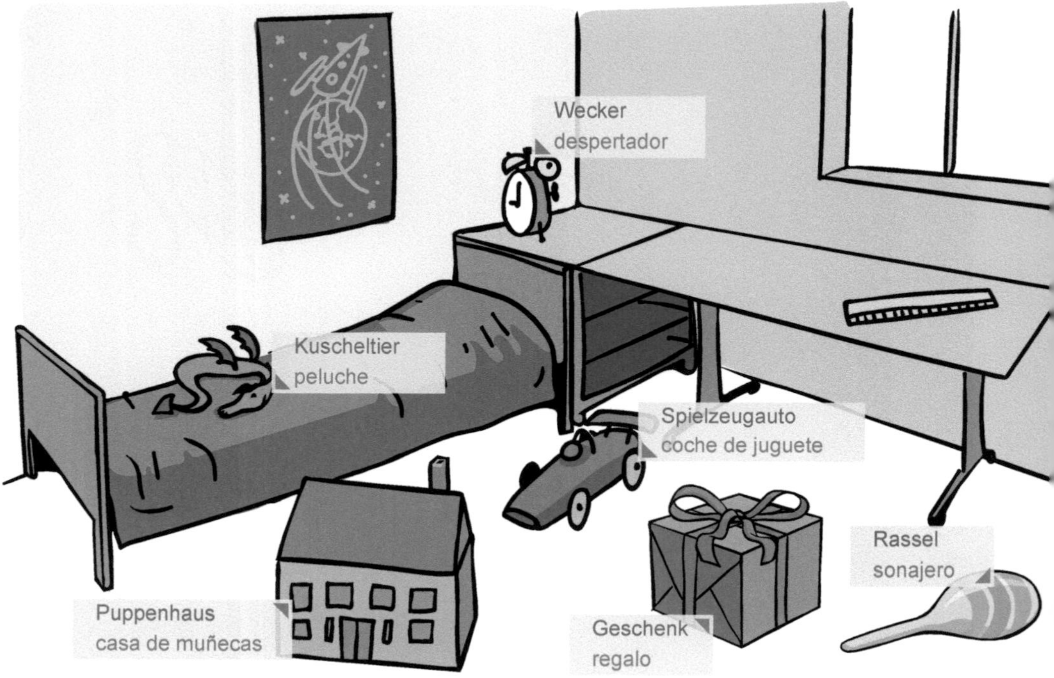

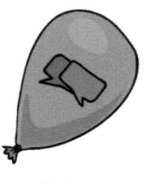

Ballon

globo

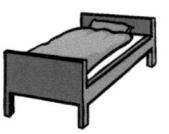

Bett

cama

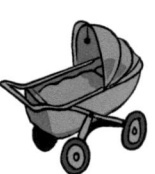

Kinderwagen

cochecito

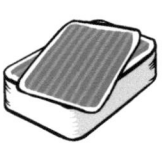

Kartenspiel

cartas

Puzzle

rompecabezas

SUPER
MEGA

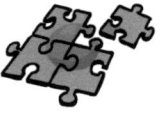

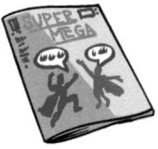

Comic

historieta

Legosteine

piezas de lego

Bausteine

ladrillos de juguete

Action Figur

figura de acción

Strampelanzug

enterito (de bebé)

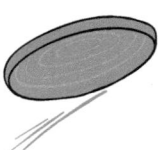

Frisbee

frisbee

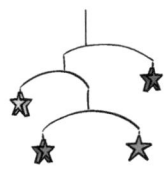

Mobile

móvil para bebés

Brettspiel

juego de mesa

Würfel

dados

Modelleisenbahn

tren eléctrico

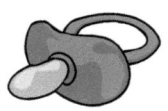

Schnuller

chupete

Party

fiesta

Bilderbuch

libro de cuentos ilustrado

Ball

pelota

Puppe

muñeca

spielen

jugar

Sandkasten

arenero

Schaukel

hamaca

Spielzeug

juguetes

Spielkonsole

consola de videojuegos

Dreirad

triciclo

Teddy

osito de peluche

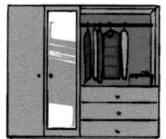

Kleiderschrank

armario

Kleidung

ropa

Socken

medias

Strümpfe

medias panty

Strumpfhose

calzas

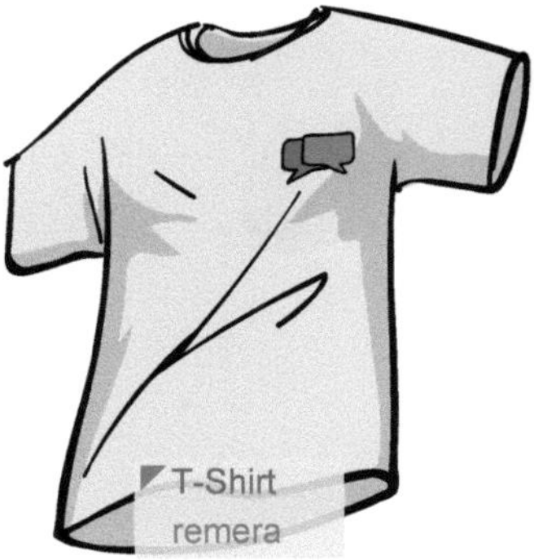

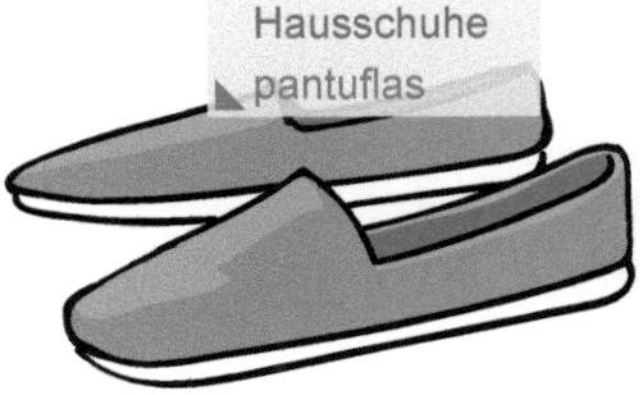

Schal
bufanda

Gürtel
cinturón

Regenschirm
paraguas

T-Shirt
remera

Stiefel
botas

Hausschuhe
pantuflas

Turnschuhe
zapatillas

Sandalen
....
sandalias

Schuhe
....
zapatos

Gummistiefel
....
botas de goma

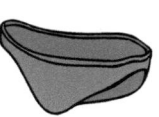

Unterhose
....
ropa interior

Büstenhalter
....
corpiño

Unterhemd
....
chaleco

Body

body

Hose

pantalones

Jeans

jeans

Rock

pollera

Bluse

blusa

Hemd

camisa

Pullover

pulóver

Kapuzenpullover

buzo

Blazer

blazer

Jacke

campera

Mantel

tapado

Regenmantel

piloto

Kostüm

traje

Kleid

vestido

Hochzeitskleid

vestido de novia

Anzug

traje

Nachthemd

camisón

Schlafanzug

pijama

Sari

sari

Kopftuch

pañuelo para cabeza

Turban

turbante

Burka

burka

Kaftan

caftán

Abaya

abaya

Badeanzug

traje de baño

Badehose

short de baño

Kurze Hose

shorts

Trainingsanzug

jogging

Schürze

delantal

Handschuhe

guantes

Knopf

botón

Brille

anteojos

Armband

pulsera

Halskette

collar

Ring

anillo

Ohrring

aro

Mütze

gorra

Kleiderbügel

percha

Hut

sombrero

Krawatte

corbata

Reißverschluss

cierre

Helm

casco

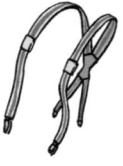

Hosenträger

tiradores

Schuluniform

uniforme escolar

Uniform

uniforme

Lätzchen

babero

Schnuller

chupete

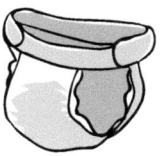

Windel

pañal

Büro

oficina

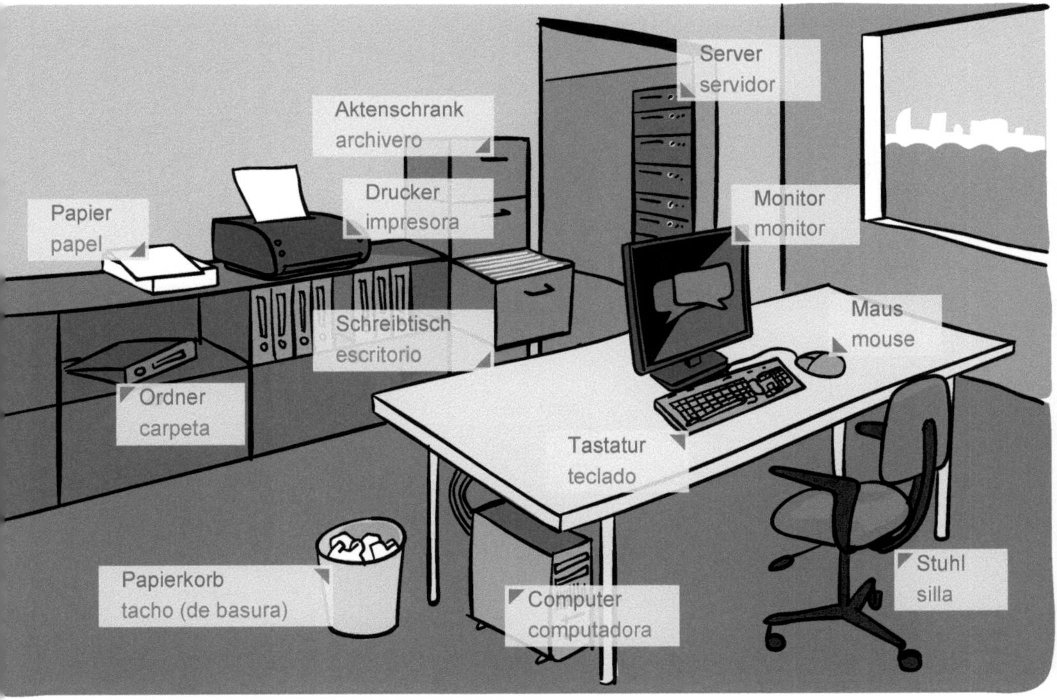

Server
servidor

Aktenschrank
archivero

Drucker
impresora

Papier
papel

Monitor
monitor

Maus
mouse

Schreibtisch
escritorio

Ordner
carpeta

Tastatur
teclado

Papierkorb
tacho (de basura)

Computer
computadora

Stuhl
silla

Kaffeebecher

taza de café

Taschenrechner

calculadora

Internet

internet

Laptop

laptop

Brief

carta

Nachricht

mensaje

Handy

celular

Netzwerk

red

Kopierer

fotocopiadora

Software

software

Telefon

teléfono

Steckdose

tomacorriente

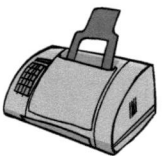

Fax

fax

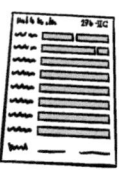

Formular

formulario

Dokument

documento

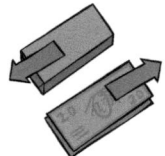

kaufen

comprar

bezahlen

pagar

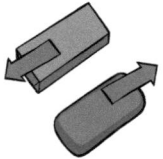

handeln

hacer negocios

Geld

dinero

Dollar

dólar

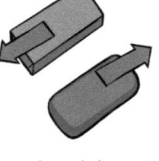

Euro

euro

Yen

yen

Rubel

rublo

Franken

franco suizo

Renminbi Yuan

yuan

Rupie

rupia

Geldautomat

cajero automático

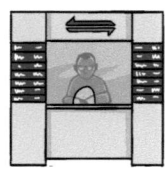

Wechselstube

casa de cambio

Gold

oro

Silber

plata

Öl

petróleo

Energie

energía

Preis

precio

Vertrag

contrato

Steuer

impuesto

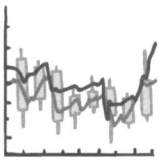

Aktie

acción

arbeiten

trabajar

Angestellter

empleado

Arbeitgeber

empleador

Fabrik

fábrica

Geschäft

negocio

Berufe

ocupaciones

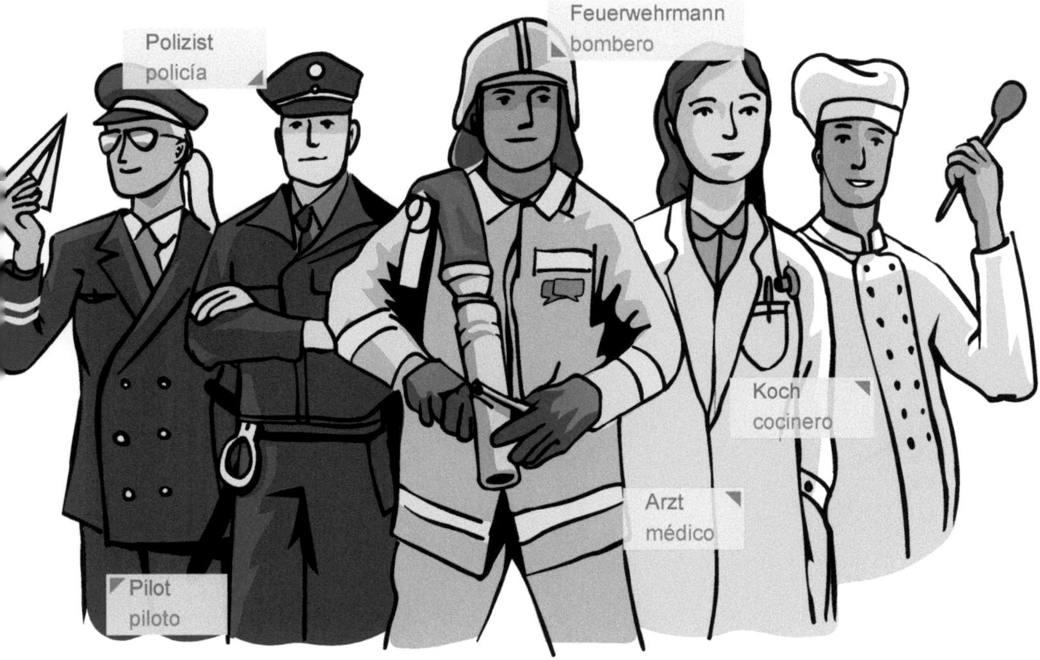
Polizist
policía
Feuerwehrmann
bombero
Koch
cocinero
Arzt
médico
Pilot
piloto

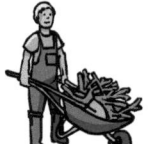

Gärtner
jardinero

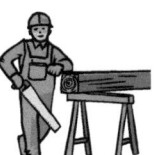

Tischler
carpintero

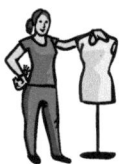

Näherin
modista

Richter
juez

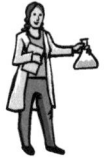

Chemiker
farmacéutico

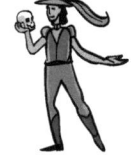

Schauspieler
actor

Busfahrer

colectivero

Taxifahrer

taxista

Fischer

pescador

Putzfrau

mucama

Dachdecker

techista

Kellner

mozo

Jäger

cazador

Maler

pintor

Bäcker

panadero

Elektriker

electricista

Bauarbeiter

albañil

Ingenieur

ingeniero

Schlachter

carnicero

Klempner

plomero

Postbote

cartero

Soldat

soldado

Architekt

arquitecto

Kassierer

cajero

Florist

florista

Friseur

peluquero

Schaffner

cobrador

Mechaniker

mecánico

Kapitän

capitán

Zahnarzt

dentista

Wissenschaftler

científico

Rabbi

rabino

Imam

imán

Mönch

monje

Geistlicher

sacerdote

Werkzeuge
herramientas

Hammer
martillo
Zange
tenaza
Schraubendreher
destornillador
Schraubenschlüssel
llave
Taschenlampe
linterna

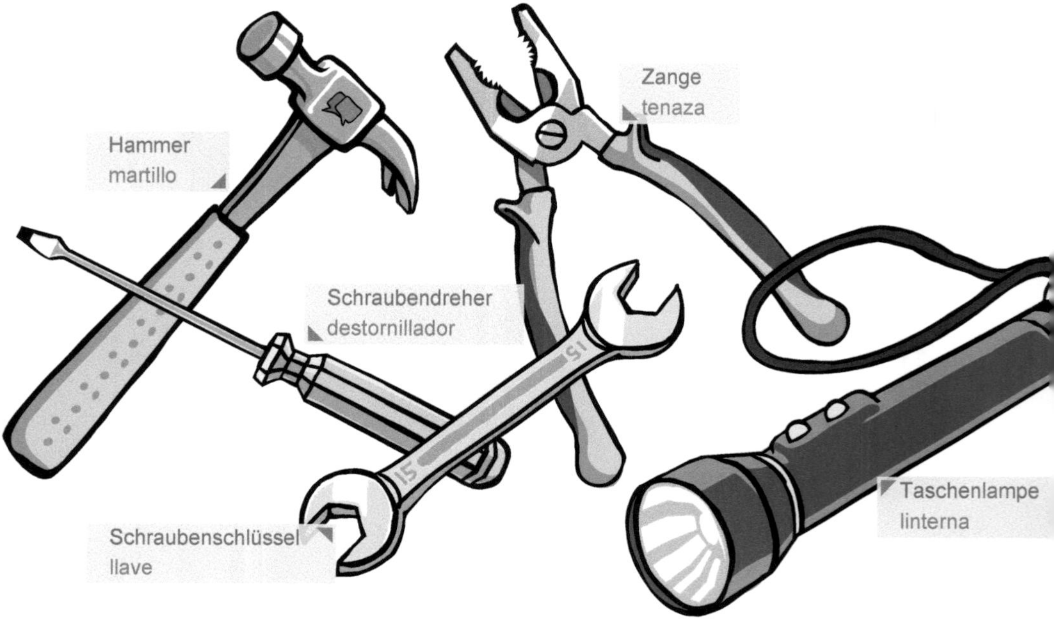

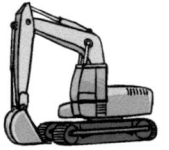

Bagger

excavadora

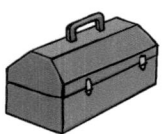

Werkzeugkasten

caja de herramientas

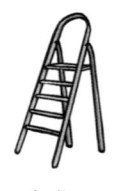

Leiter

escalera portátil

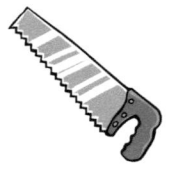

Säge

sierra

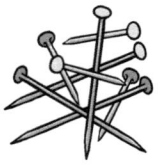

Nägel

clavos

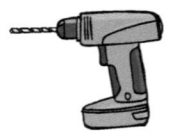

Bohrer

taladro

reparieren
arreglar

Schaufel
pala de jardín

Mist!
¡Qué bronca!

Kehrblech
pala de plástico

Farbtopf
tacho de pintura

Schrauben
tornillos

Musikinstrumente
instrumentos musicales

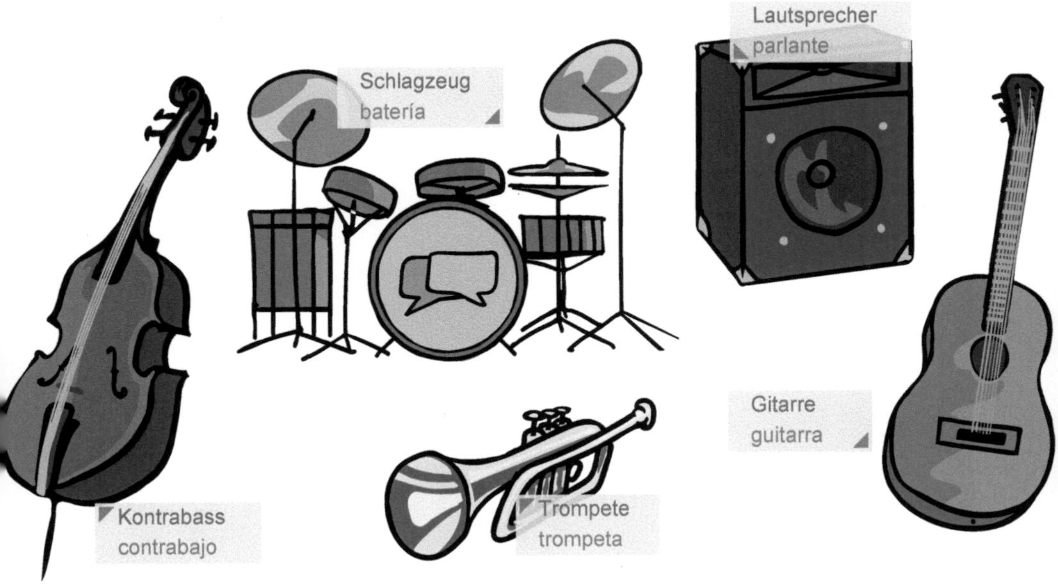

Schlagzeug
batería

Lautsprecher
parlante

Gitarre
guitarra

Kontrabass
contrabajo

Trompete
trompeta

Klavier

piano

Violine

violín

Bass

bajo

Pauke

timbales

Trommeln

tambor

Keyboard

teclado

Saxophon

saxofón

Flöte

flauta

Mikrofon

micrófono

Zoo
zoológico

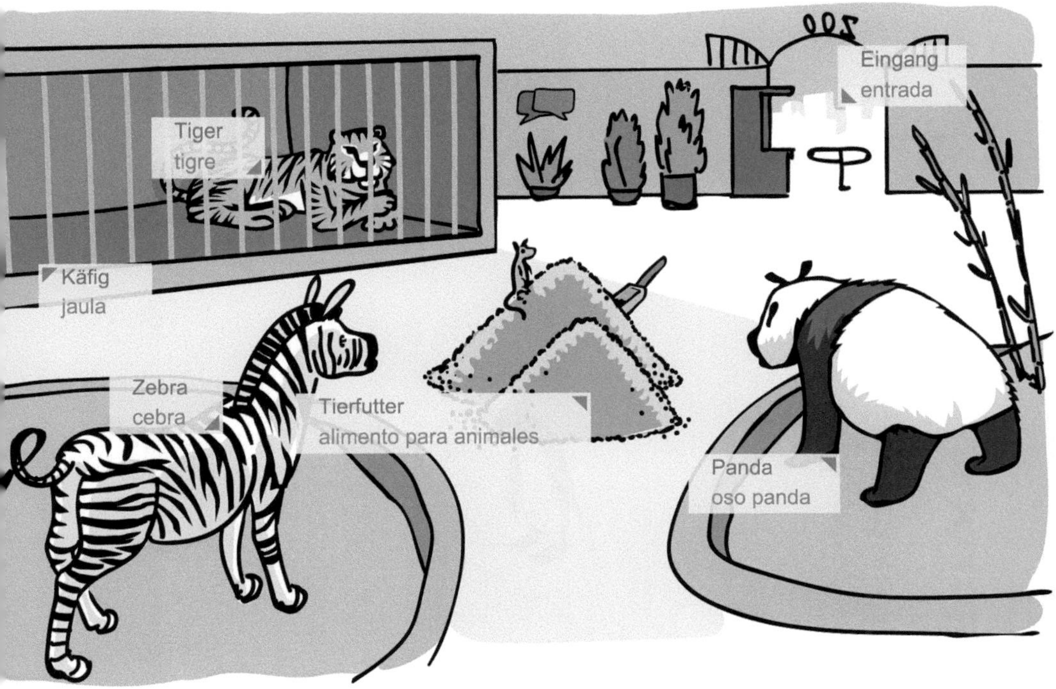
zoo
Eingang
entrada
Tiger
tigre
Käfig
jaula
Zebra
cebra
Tierfutter
alimento para animales
Panda
oso panda

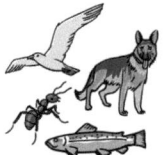

Tiere
animales

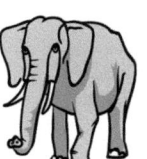

Elefant
elefante

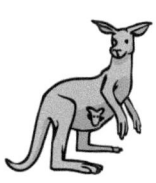

Känguru
canguro

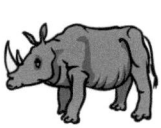

Nashorn
rinoceronte

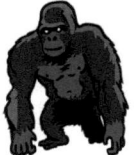

Gorilla
gorila

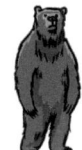

Bär
oso

Kamel

camello

Strauß

avestruz

Löwe

león

Affe

mono

Flamingo

flamenco

Papagei

loro

Eisbär

oso polar

Pinguin

pingüino

Hai

tiburón

Pfau

pavo real

Schlange

serpiente

Krokodil

cocodrilo

Zoowärter

cuidador del zoológico

Robbe

foca

Jaguar

jaguar

Zoo - zoológico

Pony

poni

Leopard

leopardo

Nilpferd

hipopótamo

Giraffe

jirafa

Adler

águila

Wildschwein

jabalí

Fisch

pescado

Schildkröte

tortuga

Walross

morsa

Fuchs

zorro

Gazelle

gacela

American Football
fútbol americano

Radfahren
ciclismo

Tennis
tenis

Basketball
básquet

Schwimmen
natación

Boxen
boxeo

Eishockey
hockey sobre hielo

Fußball

fútbol

Badminton

bádminton

Leichtathletik

atletismo

Handball

handball

Skilaufen

esquí

Polo

polo

Aktivitäten
actividades

lachen
reír
springen
saltar
umarmen
abrazar
gehen
caminar
singen
cantar
träumen
soñar
beten
rezar
küssen
besar

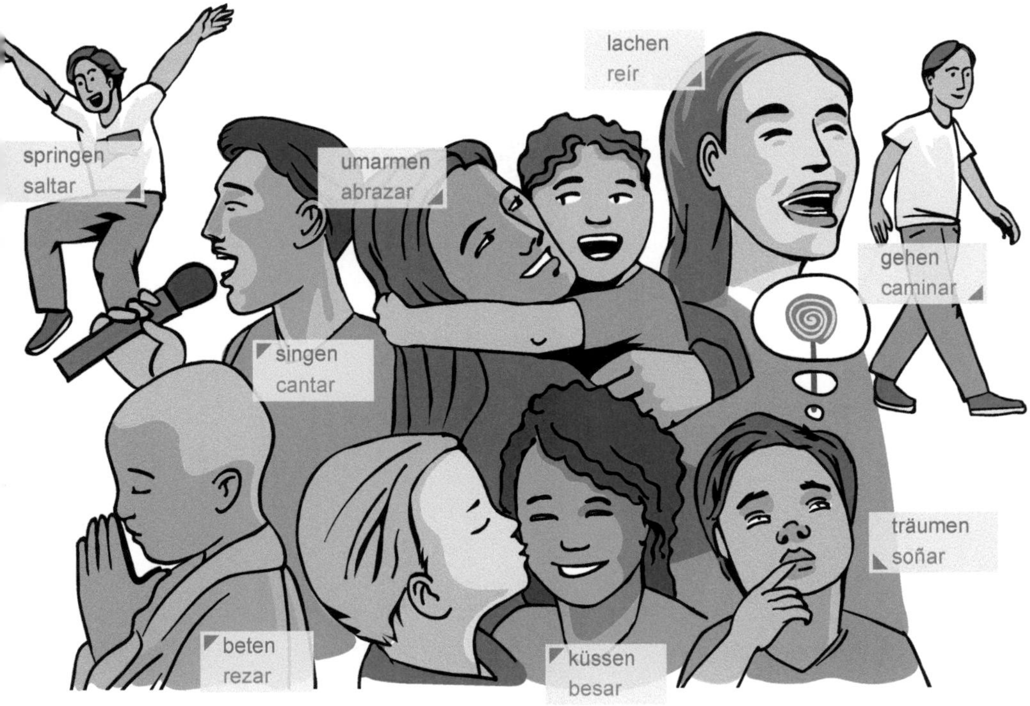

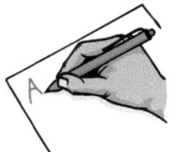

schreiben

escribir

zeichnen

dibujar

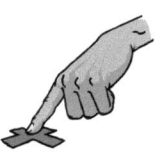

zeigen

mostrar

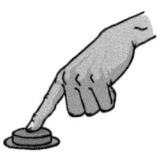

drücken

presionar

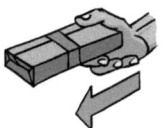

geben

dar

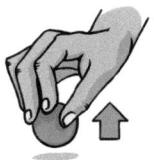

nehmen

tomar

haben
tener

tun
hacer

sein
ser

stehen
estar parado

laufen
correr

ziehen
tirar

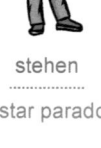

werfen
tirar

fallen
caer

liegen
estar acostado

warten
esperar

tragen
llevar

sitzen
estar sentado

anziehen
vestirse

schlafen
dormir

aufwachen
despertar

ansehen

mirar

weinen

llorar

streicheln

acariciar

kämmen

peinar

reden

hablar

verstehen

entender

fragen

preguntar

hören

escuchar

trinken

beber

essen

comer

aufräumen

ordenar

lieben

amar

kochen

cocinar

fahren

manejar

fliegen

volar

Aktivitäten - actividades

segeln

navegar

rechnen

calcular

lesen

leer

lernen

aprender

arbeiten

trabajar

heiraten

casarse

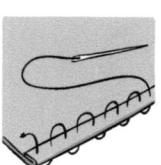

nähen

coser

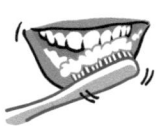

Zähne putzen

cepillarse los dientes

töten

matar

rauchen

fumar

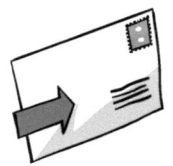

senden

enviar

Familie
familia

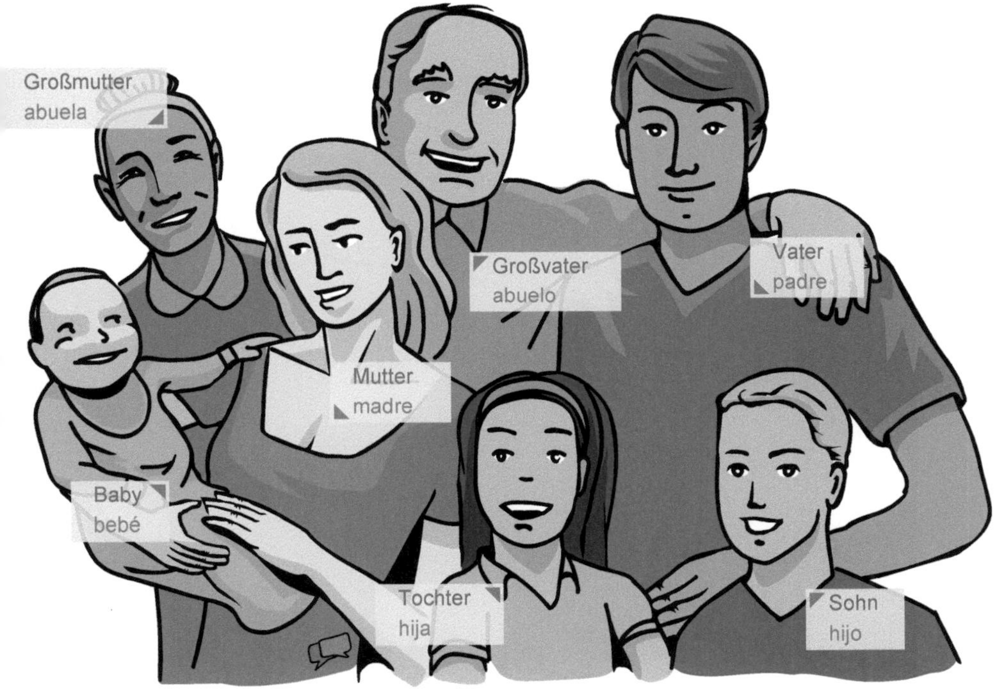
Großmutter
abuela
Großvater
abuelo
Vater
padre
Mutter
madre
Baby
bebé
Tochter
hija
Sohn
hijo

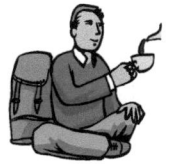

Gast

invitado

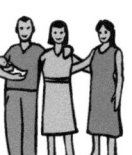

Tante

tía

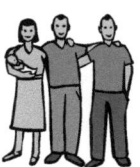

Onkel

tío

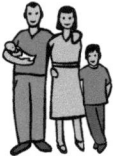

Bruder

hermano

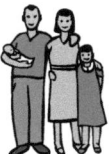

Schwester

hermana

Körper
cuerpo

Stirn
frente
Auge
ojo
Schulter
hombro
Finger
dedo
Gesicht
cara
Kinn
pera
Hand
mano
Bein
pierna
Brust
pecho
Arm
brazo

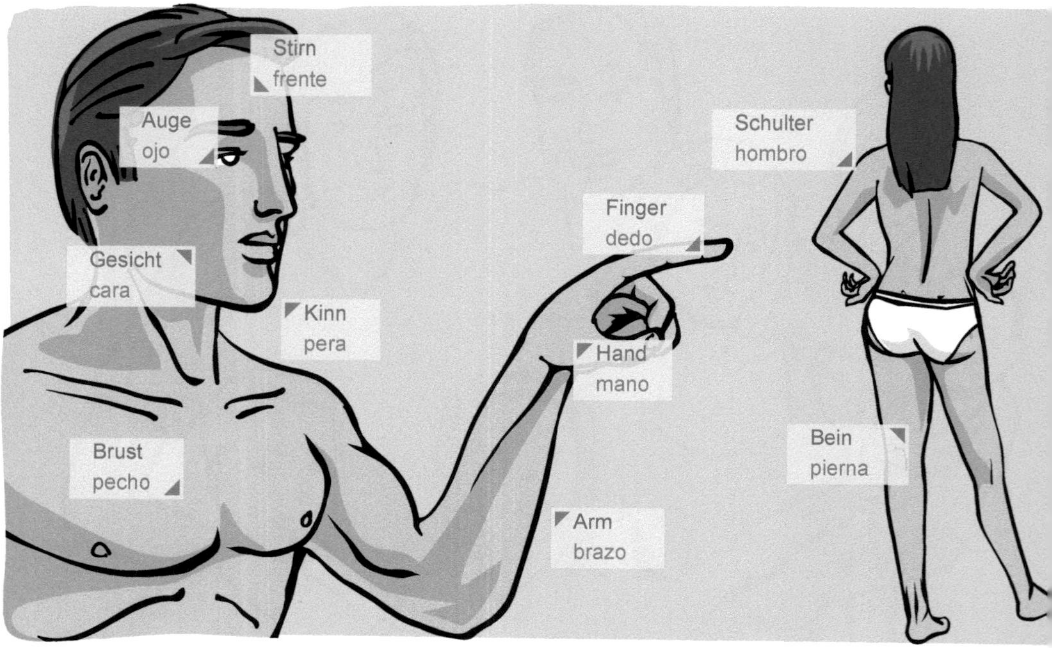

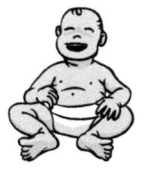

Baby
bebé

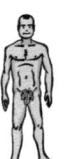

Mann
hombre

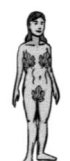

Frau
mujer

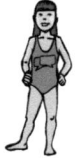

Mädchen
nena

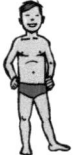

Junge
nene

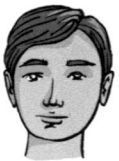

Kopf
cabeza

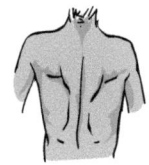

Rücken

espalda

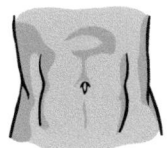

Bauch

panza

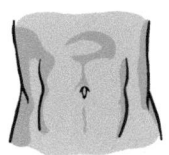

Nabel

ombligo

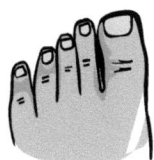

Zeh

dedo del pie

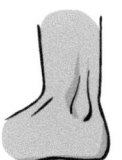

Ferse

talón

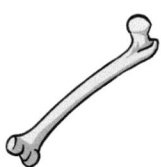

Knochen

hueso

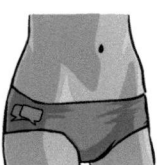

Hüfte

cadera

Knie

rodilla

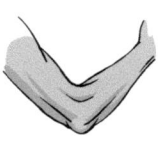

Ellenbogen

codo

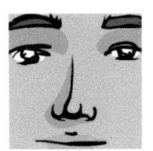

Nase

nariz

Gesäß

cola

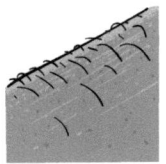

Haut

piel

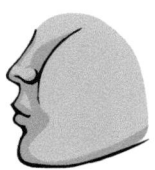

Wange

cachete

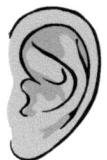

Ohr

oreja

Lippe

labio

Mund

boca

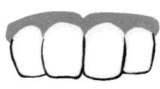

Zahn

diente

Zunge

lengua

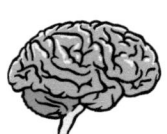

Gehirn

cerebro

Herz

corazón

Muskel

músculo

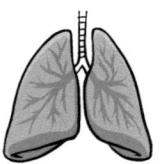

Lunge

pulmón

Leber

hígado

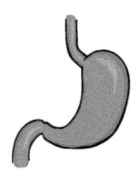

Magen

estómago

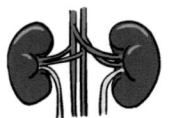

Nieren

riñones

Geschlechtsverkehr

sexo

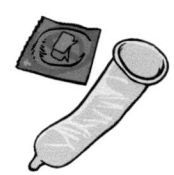

Kondom

preservativo

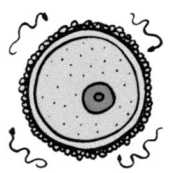

Eizelle

óvulo

Sperma

semen

Schwangerschaft

embarazo

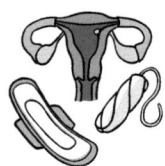

Menstruation

menstruación

Vagina

vagina

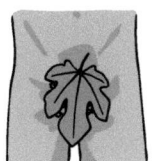

Penis

pene

Augenbraue

ceja

Haar

pelo

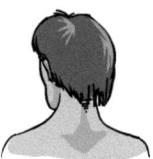

Hals

cuello

Körper - cuerpo

Krankenhaus
hospital

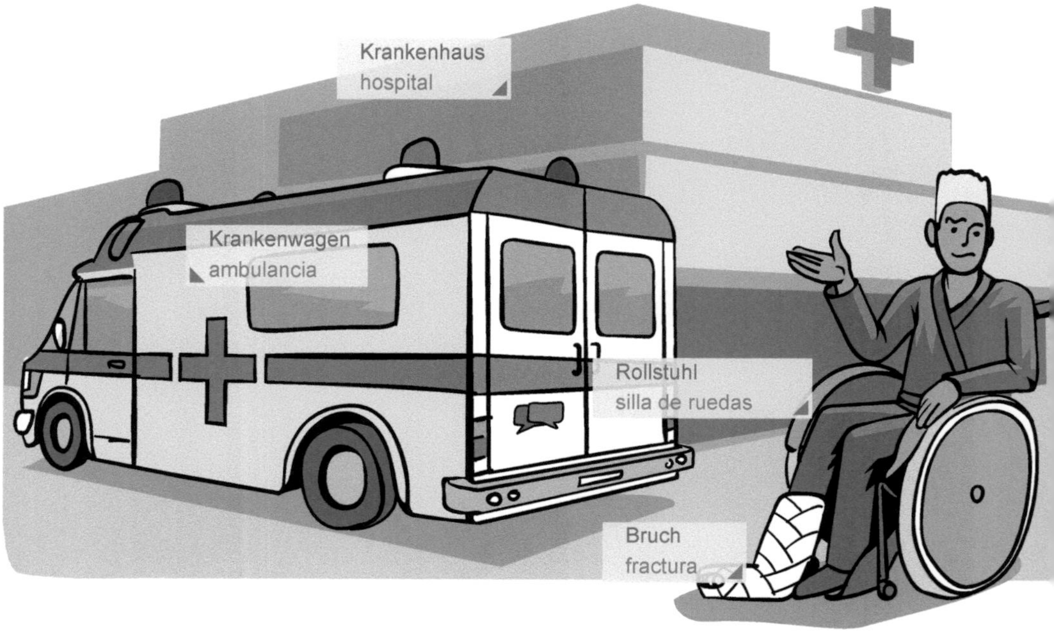

Krankenhaus
hospital
Krankenwagen
ambulancia
Rollstuhl
silla de ruedas
Bruch
fractura

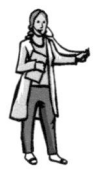

Arzt
médico

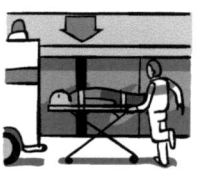

Notaufnahme
sala de guardia

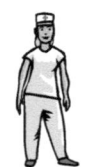

Krankenschwester
enfermera

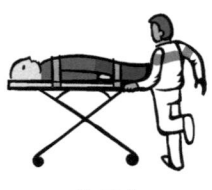

Notfall
emergencia

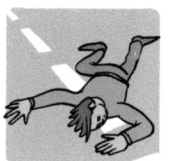

ohnmächtig
inconsciente

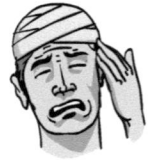

Schmerz
dolor

Verletzung

lesión

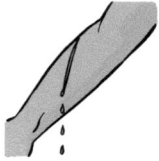

Blutung

hemorragia

Herzinfarkt

infarto

Schlaganfall

ACV

Allergie

alergia

Husten

tos

Fieber

fiebre

Grippe

gripe

Durchfall

diarrea

Kopfschmerzen

dolor de cabeza

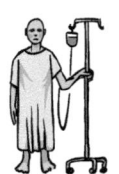

Krebs

cáncer

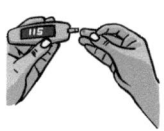

Diabetis

diabetes

Chirurg

cirujano

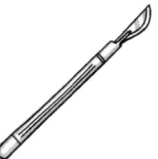

Skalpell

bisturí

Operation

operación

Krankenhaus - hospital

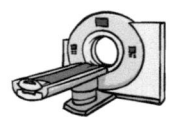

CT

TC

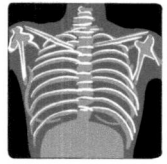

Röntgen

rayos x

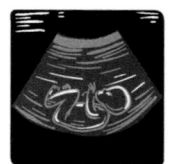

Ultraschall

ecografía

Maske

barbijo

Krankheit

enfermedad

Wartezimmer

sala de espera

Krücke

muleta

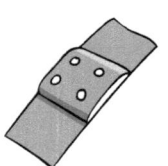

Pflaster

curita

Verband

venda

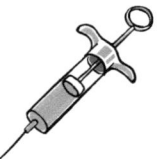

Injektion

inyección

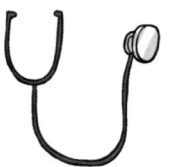

Stethoskop

estetoscopio

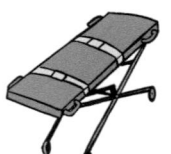

Trage

camilla

Thermometer

termómetro

Geburt

nacimiento

Übergewicht

sobrepeso

Hörgerät
audífono

Desinfektionsmittel
desinfectante

Infektion
infección

Virus
virus

HIV / AIDS
VIH / SIDA

Medizin
remedio

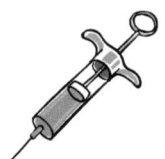

Impfung
vacunación

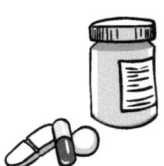

Tabletten
comprimidos

Pille
pastilla anticonceptiva

Notruf
llamada de emergencia

Blutdruck-Messgerät
tensiómetro

krank / gesund
enfermo / sano

Hilfe!

¡Ayuda!

Überfall

agresión

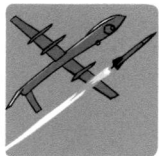

Angriff

ataque

Alarm

alarma

Gefahr

peligro

Notausgang

salida de emergencia

Feuer!

¡Fuego!

Feuerlöscher

matafuego

Unfall

accidente

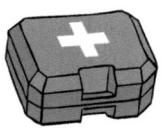

Erste-Hilfe-Koffer

botiquín de primeros
auxilios

SOS

SOS

Polizei

policía

Europa

Europa

Nordamerika

América del Norte

Südamerika

América del Sur

Afrika

África

Asien

Asia

Australien

Australia

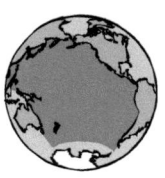

Atlantik

Atlántico

Pazifik

Pacífico

Indischer Ozean

Océano Índico

Antarktischer Ozean

Océano Antártico

Arktischer Ozean

Océano Ártico

Nordpol

polo norte

Südpol
polo sur

Antarktis
Antártida

Erde
Tierra

Land
tierra

Meer
mar

Insel
isla

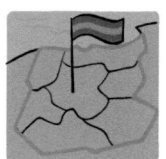

Nation
nación

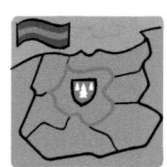

Staat
estado

Zifferblatt

esfera

Stundenzeiger

manecilla de las horas

Minutenzeiger

minutero

Sekundenzeiger

segundero

Wie spät ist es?

¿Qué hora es?

Tag

día

Zeit

hora

jetzt

ahora

Digitaluhr

reloj digital

Minute

minuto

Stunde

hora

Woche

semana

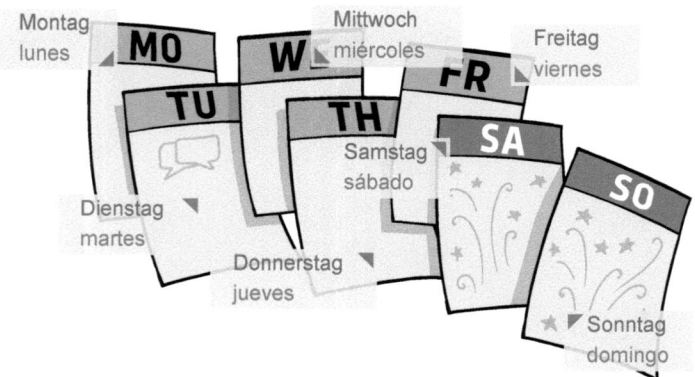

Montag
lunes

Mittwoch
miércoles

Freitag
viernes

Dienstag
martes

Donnerstag
jueves

Samstag
sábado

Sonntag
domingo

gestern

ayer

heute

hoy

morgen

mañana

Morgen

mañana

Mittag

mediodía

Abend

tarde

Arbeitstage

días hábiles

Wochenende

fin de semana

Regen
lluvia

Frühling
primavera

Sommer
verano

Wind
viento

Herbst
otoño

Schnee
nieve

Winter
invierno

4.APRIL	11°	☀
5.APRIL	4°	
6.APRIL	13°	
7.APRIL	8°	❄
8.APRIL	10°	☀

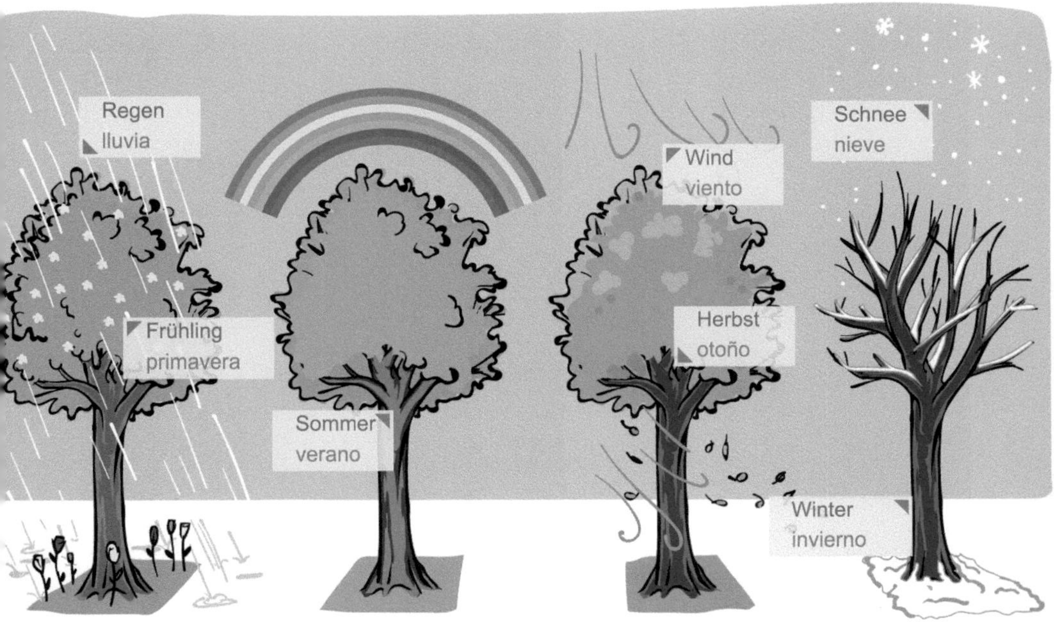

Wettervorhersage

pronóstico meteorológico

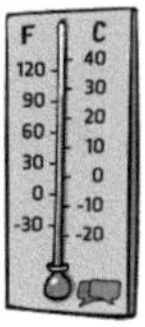

Thermometer

termómetro

Sonnenschein

luz del sol

Wolke

nube

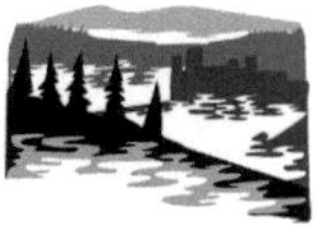

Nebel

niebla

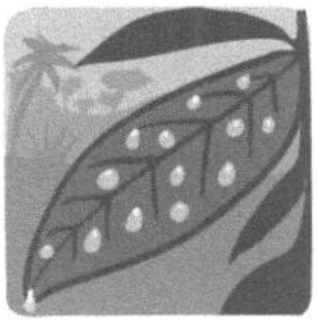

Luftfeuchtigkeit

humedad

Blitz

rayo

Donner

trueno

Sturm

tormenta

Hagel

granizo

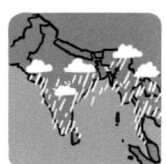

Monsun

monzón

Flut

inundación

Eis

hielo

Januar

enero

Februar

febrero

März

marzo

April

abril

Mai

mayo

Juni

junio

Juli

julio

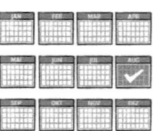

August

agosto

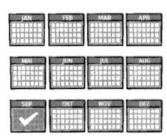

September
....
septiembre

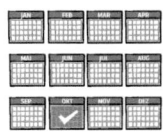

Oktober
....
octubre

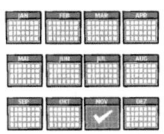

November
....
noviembre

Dezember
....
diciembre

Formen
formas

Kreis
....
círculo

Quadrat
....
cuadrado

Rechteck
....
rectángulo

Dreieck
....
triángulo

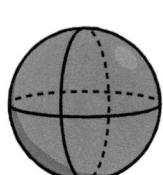

Kugel
....
esfera

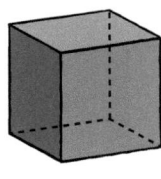

Würfel
....
cubo

weiß

blanco

gelb

amarillo

orange

naranja

pink

rosa

rot

rojo

lila

violeta

blau

azul

grün

verde

braun

marrón

grau

gris

schwarz

negro

viel / wenig

mucho / poco

wütend / friedlich

enojado / tranquilo

hübsch / hässlich

lindo / feo

Anfang / Ende

principio / fin

groß / klein

grande / chico

hell / dunkel

claro / oscuro

Bruder / Schwester

hermano / hermana

sauber / schmutzig

limpio / sucio

vollständig / unvollständig

completo / incompleto

Tag / Nacht

día / noche

tot / lebendig

muerto / vivo

breit / schmal

ancho / angosto

genießbar / ungenießbar

comestible / no comestible

böse / freundlich

malo / amable

aufgeregt / gelangweilt

entusiasmado / aburrido

dick / dünn

gordo / flaco

zuerst / zuletzt

primero / último

Freund / Feind

amigo / enemigo

voll / leer

lleno / vacío

hart / weich

duro / blando

schwer / leicht

pesado / liviano

Hunger / Durst

hambre / sed

krank / gesund

enfermo / sano

illegal / legal

ilegal / legal

intelligent / dumm

inteligente / estúpido

links / rechts

izquierda / derecha

nah / fern

cerca / lejos

Gegenteile - opuestos

neu / gebraucht

nuevo / usado

nichts / etwas

nada / algo

alt / jung

viejo / joven

an / aus

encendido / apagado

offen / geschlossen

abierto / cerrado

leise / laut

silencioso / ruidoso

reich / arm

rico / pobre

richtig / falsch

correcto / incorrecto

rau / glatt

áspero / suave

traurig / glücklich

triste / contento

kurz / lang

corto / largo

langsam / schnell

lento / rápido

nass / trocken

mojado / seco

warm / kühl

caliente / frío

Krieg / Frieden

guerra / paz

0

null

cero

1

eins

uno

2

zwei

dos

3

drei

tres

4

vier

cuatro

5

fünf

cinco

6

sechs

seis

7

sieben

siete

8

acht

ocho

9

neun

nueve

10

zehn

diez

11

elf

once

12

zwölf

doce

13

dreizehn

trece

14

vierzehn

catorce

15

fünfzehn

quince

16

sechzehn

dieciséis

17

siebzehn

diecisiete

18

achtzehn

dieciocho

19

neunzehn

diecinueve

20

zwanzig

veinte

100

hundert

cien

1.000

tausend

mil

1.000.000

million

millón

Englisch

inglés

Amerikanisches Englisch

inglés americano

Chinesisch Mandarin

chino mandarín

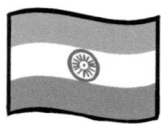

Hindi

hindi

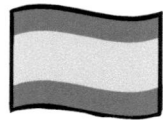

Spanisch

español

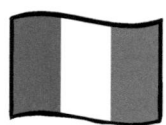

Französisch

francés

Arabisch

árabe

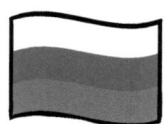

Russisch

ruso

Portugiesisch

portugués

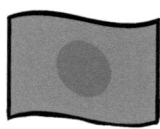

Bengalisch

bengalí

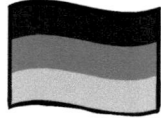

Deutsch

alemán

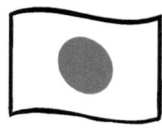

Japanisch

japonés

ich
yo

du
vos

er / sie / es
él / ella

wir
nosotros

ihr
ustedes

sie
ellos

wer?
¿quién?

was?
¿qué?

wie?
¿cómo?

wo?
¿dónde?

wann?
¿cuándo?

Name
nombre

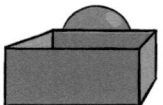

hinter

detrás

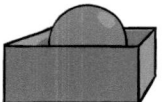

in

en

vor

adelante de

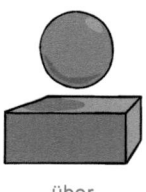

über

por encima de

auf

sobre

unter

debajo de

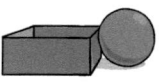

neben

al lado de

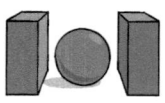

zwischen

entre

Ort

lugar